© 2021, Vista Higher Learning, Inc.
500 Boylston Street, Suite 620.
Boston, MA 02116-3736
www.vistahigherlearning.com
www.loqueleo.com/us

© Del texto: 2008, Kelly DiPucchio
© De las ilustraciones: 2008, 2012, LeUyen Pham

Publicado originalmente en Estados Unidos y Canadá bajo el título
Grace for President por Disney / Hyperion Books. Esta traducción
ha sido publicada bajo acuerdo con Disney Book Group, LLC.
y Hachette Book Group (texto) y Pippin Properties (ilustraciones).

Dirección Creativa: José A. Blanco
Director Ejecutivo de Contenidos e Innovación: Rafael de Cárdenas López
Editora General: Sharla Zwirek
Desarrollo Editorial: Lisset López, Isabel C. Mendoza
Diseño: Paula Díaz, Daniela Hoyos, Radoslav Mateev,
   Gabriel Noreña, Andrés Vanegas
Coordinación del proyecto: Brady Chin, Tiffany Kayes
Derechos: Jorgensen Fernandez, Annie Pickert Fuller
Producción: Oscar Díez, Sebastián Díez, Andrés Escobar,
   Adriana Jaramillo, Daniel Lopera, Daniela Peláez
Traducción: Daniel González

Grace para presidenta
ISBN: 9781543334791

PARA
ANGELIC RUIZ,
★ ★ ★
QUIEN ESPERO QUE
SEA PRESIDENTA EN
TREINTA Y DOS AÑOS.
L. P.

Para
GRACE,
que preguntó
"¿Dónde están
las chicas?".
K. D.

VOTA
POR
Grace

VOTA
POR
GRACE

Published in the United States of America
1 2 3 4 5 6 7 8 9 KP 25 24 23 22 21 20

GRACE
★★★ PARA PRESIDENTA

Escrito por
Kelly DiPucchio
★
Ilustraciones de
LeUyen Pham

SANTILLANA USA

VISTA®
HIGHER LEARNING

Una mañana de septiembre, la Sra. Barrington desenrolló un cartel grande con los retratos de todos los presidentes de Estados Unidos. Grace Campbell no lo podía creer.

¿Dónde están las CHICAS?

—¡Qué buena pregunta! —dijo la Sra. Barrington—. La verdad es que nuestro país nunca ha tenido una mujer presidenta.

—¿NINGUNA mujer presidenta? ¿JAMÁS? —preguntó Grace.

—Nunca, lo siento —dijo la Sra. Barrington.

Grace se sentó en su
pupitre muy molesta.
¿Ninguna chica?
¿Dónde se ha visto
semejante locura?

Después de un rato, alzó la mano.

—Sí, Grace, dime.

—Lo estuve pensando y me gustaría ser **PRESIDENTA.**

Varios de sus compañeros se rieron.

10

—Pienso que es una idea maravillosa, Grace —dijo la Sra. Barrington—. Además, podemos hacer nuestras propias elecciones, aquí mismo en la Escuela Primaria Benjamín Franklin.

Las risitas en el aula se terminaron. Grace sonrió.
—¿A quién más le gustaría postularse para presidente? —preguntó la Sra. Barrington.

Nadie alzó la mano.

"¡Lograr la presidencia será facilísimo!", pensó Grace.

Al día siguiente, la Sra. Barrington anunció:

—En nombre de la **DEMOCRACIA,**
invité a la clase del Sr. Waller a que se una a nuestras elecciones.

Su clase ha nominado a
THOMAS COBB
como su candidato presidencial.

A Grace se le cayó el alma a los pies.

Thomas era el campeón del concurso de ortografía de la escuela. Sus proyectos de ciencia siempre recibían el primer premio. Y para colmo, era el capitán del equipo de fútbol.

"Lograr la presidencia no será tan fácil ahora", pensó Grace.

Los maestros escribieron en papelitos los nombres de los cincuenta
estados y el Distrito de Columbia. Los revolvieron en un sombrero.
Todos excepto Grace y Thomas eligieron un estado.

—¡Yo soy Texas! —dijo Anthony.

—¡Yo soy Nueva Hampshire! —dijo Rose.

—Yo soy Michigan —dijo Robbie—. ¿Qué significa el número 16?

—Cada estado tiene asignado un número de votos electorales. El número se determina por la cantidad de personas que viven en ese estado —dijo la Sra. Barrington—. Cada uno de ustedes será el representante de su estado.

—En total, nuestro país tiene 538 votos electorales —explicó el Sr. Waller—. El día de las elecciones, ¡gana el candidato que recibe 270 votos electorales o más!

—¿Por qué 270? —preguntó Rose.

—Eso es más de la mitad de todos los votos electorales —dijo el Sr. Waller.

"Lograr la presidencia REALMENTE no será nada fácil", pensó Grace.

A Grace se le ocurrió un eslogan de campaña:

A Thomas se le ocurrió su propio eslogan de campaña:

¡HAZ HISTORIA! ¡VOTA POR
GRACE CAMPBELL
PARA PRESIDENTA!

VOTA POR
THOMAS COBB
¡EL MEJOR
HOMBRE
PARA EL TRABAJO!

Grace prestó atención a los temas que eran importantes para los estudiantes, e hizo una lista de promesas de campaña:

Thomas hizo su propia lista de promesas:

Grace hizo carteles y botones de campaña.
Thomas también hizo carteles y botones.

Cada semana, los maestros designaban tiempo para
que los candidatos se reunieran con los votantes.

Se hicieron encuestas. Los votantes estaban decidiéndose.

Grace siguió haciendo campaña.

VOTA POR GRACE

GRACE
PARA
PRESIDENTA

En el recreo, daba DISCURSOS.

Durante el almuerzo, repartía PANQUECITOS gratis.

Después de clases, hacía MÍTINES.

MIENTRAS TANTO,
Thomas no estaba preocupado.

Había calculado astutamente que los **NIÑOS** tenían un poco más de votos electorales que las **NIÑAS**.

22

En el recreo, Thomas estudiaba ortografía.

Durante el almuerzo, trabajaba
en su último experimento de ciencias.

Después de clases, jugaba al fútbol.

23

Aun antes de las elecciones, Grace cumplió sus promesas. Se unió al escuadrón de seguridad, organizó un comité de embellecimiento de la escuela y trabajó como voluntaria en la cafetería.

A principios de noviembre, la Escuela Primaria Benjamín Franklin organizó una asamblea especial por el Día de las Elecciones. Grace y Thomas tomaron sus lugares en el escenario y la banda de la escuela comenzó a tocar.

Henry fue el primer representante en acercarse al micrófono.

Alabama, el estado del pájaro carpintero de pechera, ¡emite sus 9 votos electorales a favor de Thomas Cobb!

Fletcher dijo:

El estado de Alaska, la última frontera, emite sus 3 votos electorales por el mejor hombre para el trabajo, ¡Thomas Cobb!

Hannah exclamó:

¡Arizona, el estado del Gran Cañón, emite sus 11 votos electorales por Grace Campbell!

Y así siguieron. Estado tras estado emitieron sus votos electorales. El marcador del gimnasio llevaba la cuenta de los totales.

La votación estaba llegando rápidamente a su fin.
Clara se acercó al podio.

Wisconsin, el estado del tejón, emite sus 10 votos a favor de mi mejor amiga, ¡Grace Campbell!

Grace miró el marcador.

Thomas tenía 268 votos electorales.

Ella tenía 267. Solo faltaba un estado por votar.

WYOMING

Thomas sonrió. Grace se sintió mal.

Sam caminó hacia el micrófono.

Miró a Thomas.

Miró a Grace.

Bajó la vista hacia la bandera hecha
en casa que llevaba Grace.

Sam no decía ni una palabra.

—¿Qué esperas? —susurró Thomas.

La banda dejó de tocar.

Todos los ojos estaban fijos en Wyoming.

Finalmente, Sam se aclaró la garganta.

El gimnasio estalló en vítores y aplausos
(y unos pocos abucheos).
La Sra. Barrington se acercó al podio.
—La ganadora, con 270 votos electorales, ¡es Grace Campbell!
Thomas se veía confundido. Grace abrazó a Sam.
—¿Por qué votaste por mí? —le preguntó.
Sam le dio a Grace su bandera.
—Porque —le dijo— creo que eres la mejor persona
para el trabajo.

La semana siguiente, los estudiantes de la clase de la Sra. Barrington se prepararon para sus presentaciones del Día de las Profesiones.

Grace se ofreció para ser la primera. Se paró al frente del salón y le dio una mirada al cartel que aún colgaba de la pared.

Esta vez, todos le creyeron.

★ NOTA DE LA AUTORA ★

Tal vez te has preguntado qué es el Colegio Electoral y cómo funciona. ¡No eres el único! A muchos adultos les cuesta entender el proceso. En primer lugar, el Colegio Electoral no tiene nada que ver con ir al colegio. Es el sistema que se usa en nuestro país para elegir al presidente.

Cuando las personas votan en las elecciones presidenciales, lo que en realidad están haciendo es decirles a los representantes de sus estados quién les gustaría que fuese presidente de Estados Unidos. Luego, estos representantes elegidos, llamados "electores", emiten sus votos *electorales* por el candidato que recibió la mayor cantidad de votos populares en su estado. Actualmente hay 538 electores en Estados Unidos.

Cada estado tiene asignada una cantidad de votos electorales que es igual al número de senadores y representantes que tiene. Cada estado tiene dos senadores, pero el número de representantes depende de su población. Así que, cuanta más gente tenga un estado, más votos electorales tiene. California, por ejemplo, tiene mucha población. Tiene dos senadores (igual que todos los estados) y 53 miembros de la Cámara de Representantes (a diferencia de los otros estados). En resumen:

2 senadores + 53 representantes = 55 votos electorales en el estado de California

Asimismo, los estados menos poblados tendrán menos representantes y menos votos electorales. (Pero el número de votos electorales que se le asigna a un estado depende de la cantidad de población que tenga, y esta puede variar cada diez años, que es cuando el país cuenta su población —un proceso al que llamamos censo—). En las elecciones, el candidato presidencial que obtenga la mayoría de los votos electorales —270— es el ganador.

¿Por qué tiene nuestro país un proceso tan complicado? El Colegio Electoral fue incluido en nuestra Constitución en 1787. No existían televisores ni radios ni computadoras en ese entonces. Era difícil para los ciudadanos comunes estar bien informados sobre los candidatos que se postulaban a la presidencia. El sistema del Colegio Electoral dio a los funcionarios elegidos un papel mucho más importante en las elecciones de Estados Unidos. Aunque ahora la mayoría de los estadounidenses sí tiene acceso a más información, sería necesaria una enmienda constitucional para poder cambiar el sistema actual. Se han dado cientos de sugerencias para cambiar el proceso de las elecciones a lo largo de los años, pero hasta ahora, el Congreso no ha aprobado ninguna.

Tal vez te preguntes por qué las personas comunes se empeñan en votar en las elecciones, ya que son los votos electorales de los representantes de los estados los que determinan qué hombre o mujer llegará a ser presidente. ¡Te diré por qué! Son estos votos individuales de personas comunes los que se suman para calcular el voto *popular* en cada estado. Los electores votan por los candidatos a los que sus votantes les han dado la mayoría de los votos. ¡Así que cada voto es realmente muy importante!

—K.D.

Sobre la autora

Kelly DiPucchio pasó gran parte de su niñez soñando despierta, pero no precisamente con ser presidenta. Anhelaba convertirse en una famosa artista o pintora cuando fuese grande. Kelly es la galardonada autora de más de veinte libros para niños, incluyendo *Dragon Was Terrible*, ilustrado por Greg Pizzoli, *Dog Days of School*, ilustrado por Brian Biggs, y *The Sandwich Swap* con la reina de Jordania, Rania Al Abdullah, ilustrado por Tricia Tusa. Kelly vive con su familia en Michigan, el estado de los Grandes Lagos, el cual tiene 16 votos electorales. Para aprender más sobre Kelly y sus libros, visita su sitio web en kellydipucchio.com.

Sobre la ilustradora

LeUyen Pham es la galardonada autora-ilustradora de *Big Sister, Little Sister* y ha ilustrado muchos otros libros infantiles, entre ellos *Vampirina Ballerina*, *Vampirina Hosts a Sleepover*, *Freckleface Strawberry*, *The Princess in Black* y *Hillary Rodham Clinton: Some Girls Are Born to Lead*. Además, fue animadora de DreamWorks. Vive con su esposo y su familia en California, el estado dorado, el cual tiene 55 votos electorales. Visita su sitio web en leuyenpham.com.